अनुभव

AF121043

विभा सूद

BlueRose ONE
Stories Matter
New Delhi • London

BLUEROSE PUBLISHERS
India | U.K.

Copyright © Vibha Sood 2023

All rights reserved by author. No part of this publication may be reproduced, stored in a retrieval system or transmitted in any form or by any means, electronic, mechanical, photocopying, recording or otherwise, without the prior permission of the author. Although every precaution has been taken to verify the accuracy of the information contained herein, the publisher assumes no responsibility for any errors or omissions. No liability is assumed for damages that may result from the use of information contained within.

BlueRose Publishers takes no responsibility for any damages, losses, or liabilities that may arise from the use or misuse of the information, products, or services provided in this publication.

For permissions requests or inquiries regarding this publication, please contact:

BLUEROSE PUBLISHERS
www.BlueRoseONE.com
info@bluerosepublishers.com
+91 8882 898 898
+4407342408967

ISBN: 978-93-5741-781-5

Cover design: Shivam
Typesetting: Namrata Saini

First Edition: July 2023

समर्पित

यह रचना मेरे स्वर्गीय पिता श्री शिव कुमार, मेरी माता श्रीमती आभा सेठ तथा मेरी बहनों को समर्पित है।

आभार

मैं अपने परिवार के सभी सदस्यों की आभारी हूँ जिनके सहयोग से मुझे अपनी प्रथम पुस्तक को प्रकाशित करने का अवसर मिला। मेरी पुत्री स्नेहा सूद ने अपनी अद्भुत कला से मेरी कविताओं को सुंदर चित्रों से सजाया। श्रेया, पर्ल और सेयान को विशेष धन्यवाद, जिन्होंने सर्वप्रथम मेरी कविताओं को सुना और मेरा मनोबल बढ़ाया। श्यामलाल सूद जी और गौरव सूद को धन्यवाद, जिन्होंने मुझे प्रोत्साहित किया तथा इनके सहयोग के बिना पुस्तक को प्रकाशित करना असंभव था।

अनुक्रमणिका

अनुभव 1

बचपन 3

बेटियाँ 5

शिक्षक 7

सिपाही 9

हँसी 11

बहनें 13

तितली 15

किसान 17

कुर्सी 19

योग 21

बस ड्राईवर 23

तकनीक 25

अनुभव

'अनुभव' एक शब्द है ऐसा,
जिसमें अनगिनत, अनमोल लम्हे समाये हैं!
हर रोज नए नित अनुभव करते हैं हम,
हजारों दिन भी पड़ जाते हैं कम।
एक चमचमाती सुबह का अनुभव,
वही ढलती हुई रंग बिरंगी शाम का अनुभव।
माँ को बच्चे को जन्म देने का अनुभव,
बच्चे को माँ की गोदी का अनुभव।
एक डाक्टर को बीमार की बीमारी मिटाने का अनुभव,
वहीं अध्यापक को देश का भविष्य बनाने का अनुभव।
एक गरीब को दो वक्त की रोटी कमाने का अनुभव,
वही एक वैज्ञानिक को नए–नए आविष्कारों का अनुभव।
एक पायलट को बादलों की गहराई का अनुभव,
एक सैनिक को देश के लिए मर मिट जाने का अनुभव।
एक यात्री को सागर की लहरों, पर्वतों की,
ऊँचाईयों को देखने का अनुभव,
एक खिलाड़ी को परदेस में तिरंगा लहराने का अनुभव।
एक उम्र बीत जाती है, अनुभवों को बनाने में,
तो कुछ लेते हैं कम समय हर पल नए अनुभव पाने में।
छोटे–छोटे अनुभवों से ही एक बड़ा सफर बनता है,
हमारा दिल, दिमाग और शरीर हर पल नित नए अनुभव करता है।

बचपन

बचपन की बातें,
बन कर रह जाती सुखद यादें।
सुबह–सुबह उठकर हो जाना तैयार,
क्योंकि स्कूल की बस रोज एक समय
पर करती थी हमारा इन्तजार।
महँगे खिलौनों से न था इतना प्यार,
दोस्तों की सदैव लगी रहती थी लम्बी–लम्बी कतार।
बचपन बहुत साधारण था,
मानो बिन माँगें ही पूरा ब्रह्माण्ड हमारा था।
बचपन का हर लम्हा था अच्छा,
क्योंकि हृदय था हमारा कोमल और सबसे सच्चा।
त्यौहारों को मनाते थे हम महीनों पहले,
पर जब आती थी परीक्षा की बारी,
तो सोच में पड़ जाते थे कि कैसे करें तैयारी।
आँखों में बसी है बचपन की अनेकों यादें,
न भूल पाएंगे कभी दोस्तों से करे छोटे–छोटे वादे।
कुछ रिश्ते कभी भूल न पाएंगे
दादी, दादा जैसा प्यार कहाँ से लाएंगे।
काश इतनी जल्दी हम होते न बड़े,
पता ही नहीं चला कैसे बीत बए बेहतरीन लम्हें।

बेटियाँ

सबसे बेशकीमती तोहफा कुदरत ने जो बनाया
खुश नसीब माँ, बाप ने उन्हें बेटियों के रूप में पाया!
छोटे–छोटे कदमों के साथ लक्ष्मी बनकर वह हमारे घर आई,
कैसे बीत जाते हैं साल, पल में हो जाती है पराई।
भोली–भाली बातों से घर में भरती है मिठास,
परिवार के सदस्यों से बनाती हैं यह रिश्ता खास!
सीखती अपनी माँ, दादी और नानी से कैसे रखना
है दूसरों की जरूरतों का ख्याल,
चाहें देना पड़े अपने अरमानों और अभिलाषाओं का बलिदान।
बढ़ती है इन पर कुछ जिम्मेदारियाँ
जब यह जोड़ती है अपने नाम के आगे
एक परिवार के साथ दूसरे परिवार का नाम।
इनके अस्तित्व से ही है दुनिया का अस्तित्व,
क्योंकि यही ला सकती है इस दुनिया में नया जीव!
कल्पना, सानिया और प्रियंका जैसे हैं इनके अनेकों नाम,
एक देश, युग तक सीमित नहीं है इनके सफलता भरे काम।
जब कुछ रिश्ते छूट जाते हैं जीवन के सफर पर,
फिर भी बेटियाँ थामें रखती हैं हाथ हर कदम पर!
न काटें हम बेटियों के पंख,
उड़ने दें उनको ऊँची उड़ान,
ताकि मिले उन्हें अपनी मनचाही पहचान।

शिक्षक

शिक्षक लाखों विद्यार्थियों को रोज पढ़ाते हैं,
उनका भविष्य अपने हाथों से बनाते हैं।
रोचक कहानियाँ बनाकर बच्चों को रोज नया पाठ समझाते हैं।
एक सफल देश का करके निर्माण,
करते हैं वह अपने व्यवसाय पर अभिमान!
शिक्षकाओं पर है दुगनी जिम्मेदारी,
दिखाती है वह अपने कर्त्तव्यों के पालन में अत्यधिक समझदारी!
अध्यापकों के मन में भी अनेकों नए सवाल आते होंगे,
जिनके उत्तर पाकर ही रोज वह विद्यालय जाते होंगे।
इस कार्य में होती नहीं है धन की इच्छा,
बस युवाओं से रिश्ता होता है सच्चा!
पग–पग करते हैं वह मार्गदर्शक सबका,
न लेते अपने व्यवसाय को हल्का!
स्कूल, कालेज यूनिवर्सटी का होता है इनसे नाम,
जहाँ बनाते हैं होनहार छात्र नए–नए आयाम।

सिपाही

देश की रक्षा करती है, जिन पर निर्भर,
कहलाते हैं वह सच्चे सिपाही, होते हैं वह निडर।
गर्व है उन माताओं पर, जिन्होंने दिया इन वीरों को जन्म,
बीवी और बहनें जो बनती इनकी अच्छे किए होंगे उन्होंने कर्म।
जल, थल, वायु जैसी भी सीमा हो देश की यह सम्भाले,
जैसी भी परिस्थितियां हिम्मत कभी न हारे।
करते हैं यह दुश्मन का वीरता से सामना,
आओ सब मिलकर करें इनकी लम्बी उम्र की कामना।
कठिन प्रशिक्षिण करे यह अपना पद पाएं,
देश पर कुर्बान होने की कसम हर रोज खाएं।
देश को बुरी नजर से यह बचाएं
पर विडम्बना ऐसी, अपने बच्चों की बड़ा होता देख न पाएं!
क्यों होती है सीमाएं देशों की
क्यों आवश्यकता पड़ती है पहरे की।
चलो एक ऐसा विश्व बनाएं,
जिसमें एक सैनिक, दूसरे सैनिक पर हाथ न उठाएं।

हँसी

हँसना भी एक कला है,
जिसे कम लोगों ने जाना है।
कुछ लोग खुलकर हँसते हैं हर पल,
शायद वह छुपाते हैं न जाने कितने गम!
कुछ–कुछ मुस्कराहटें होती हैं व्यंग का प्रतीक,
कुछ लाती है एक–दूसरे को करीब!
जिनको हँसाना होता है सबसे मुश्किल,
शंकाओं से घिरे रहते हैं हर पल उनके दिल!
जो खुश रहकर जीवन में अपने फर्ज निभाते हैं,
वह पल में ही कठिनाइयों को दूर भगाते हैं!
कई करते हैं दूसरों को हँसाने का काम,
बना लो उनको साथी चुका कर बड़े से बड़ा दाम!
न जाने लोग जीवन में सफलता पाने के लिए करते हैं क्या कुछ,
पर हँसना भूल जाते हैं पाकर सब कुछ।

बहनें

बहनों के जैसा कोई रिश्ता नहीं खास,
आने ना दें, एक–दूसरे पर कोई आँच।
बड़ी बहनें छोटी का माँ से ज्यादा रखें ख्याल,
पूरी जिन्दगी, अपने रिश्तों में आने ना दें कोई मलाल।
बचपन बिताती नहीं, एक–दूसरे के बिना,
बड़े होते होते प्यार बढ़ जाता है चार गुणा।
बड़ी बहनें टीचर बनकर रोज समझाए
छोटी बहनें भी फैशन के गुण सिखाये।
लड़ती भी है आपस में छोटी–छोटी बातों में,
पर आती नहीं कोई भी दरार इनके नातों में।
करती है ता उम्र सुख–दुख को साझा,
खाना भी खा लेती है बाँट के आधा–आधा।
जिन्दगी की राहों में हो जाती है वह जुदा,
तब हजारों यादों को दिल में लेती है दबा।
बाधें रखती है एक दूसरे का होंसला,
चाहें हो आपस में मीलों का फ़ासला।
क्यों होती हैं बहनों के रिश्तों में इतनी गहराई,
क्योंकि शायद एक–दूसरे की आदतें बिना शर्तों के अपनाई।

तितली

फूलों का खिलना है जब तक बेकार,
आ कर न बैठे तितलियाँ बार–बार।
अद्भुत रंगों को अपने पंखों में समाए,
फूलों के रस से अपनी भूख मिटाए।
होती है यह बहुत कोमल,
पल में हो जाती है, आँखों से ओझल।
एक पुष्प से दूसरी कली पर जाएं,
न जाने इतना धैर्य कहाँ से लाएँ।
तुम्हें देख मन को मिले सकून,
तुम्हें पकड़ने का बच्चों में होता है जुनून।
काया इनकी श्रण भंगुर है,
पर सौंदर्य से परिपूर्ण है।
छोटे–छोटे पंखों से भरती हो, उड़ान,
छोटा सा जीव होकर भी, मिली पूरे विश्व में पहचान।
मन चाहे तितलियों जैसे हम बन जाएं
जब भी इच्छा हो जहाँ चाहें वहां उड़ पाएँ।

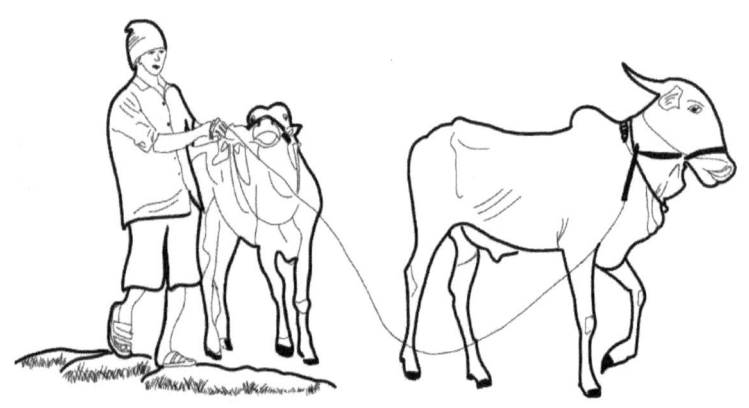

किसान

कल एक किसान ऐसा देखा,
उसे अपना सब कुछ बेच फसलों को उगाते देखा
कड़े परिश्रम से अन्न का एक–एक दाना उगाता है,
धैर्य से हर साल फसल वह बनाता है।
देश की मिट्टी से प्यार करता वह अनमोल है,
बदले में जनता से माँगे दो मीठे बोल वह।
शहरी भीड़–भाड़ से दूर रहकर,
एकांत में वह अपनी दिनचर्या चलाता है।
खेती करके वह अद्भुत सुख पाता है
अपने बच्चों को भी खेती के गुण सिखाता है।
शिक्षा के अभाव में जीवन यह बिताता है,
फिर भी न जाने कैसे नए–नए तकनीक
खेती में अपनाता है।
तपस्या करता है वर्षों की,
चिन्ता नहीं करता अपने तन की।
रिश्ता गहरा है मिट्टी से, उसे खूब पहचाना,
कब, कहाँ क्या उगाना यह बरसों से जाना।
न चुका सकेंगे ऋण इनका कभी,
पर किस्मत ऐसी पाई अपना ऋण चुकाने के लिए इन्होंने अपनी जान गंवाई।

कुर्सी

है साधारण सी वस्तु, जो चार टांगों पर खड़ी,
कहते हैं इसको कुर्सी बैठने की होड़ इस पर,
लाखों में लगी।
कुछ ने पाया इसको अपनी मेहनत के बल पर,
कुछ और बड़ाया इसका सम्मान हर कदम पर।
बचपन में सब ने खेला खूब म्यूजिकल चेयर,
जो जितता था, वो बन जाता था बेस्ट प्लेयर।
बड़े होकर जाना इसे पाना बहुत कठिन,
पाने के लिए करने पड़ते हैं अनगिनत जतन।
जितना बड़ा ओहदा,
उतनी बड़ी कुर्सी कहलाए।
न जाने बदलते सालों के साथ,
कितने नए चेहरे इसको अपनाएं।
इसे बनाने में मिस्त्री सिर्फ एक दिन लगाए,
पर जो इस बैठे, वहीं इसका सही मोल बड़ाएं।
संसार में हर आवास, दफ्तर, कार्यालय में पाई जाए
बैठे के इस पर असंख्य व्यक्ति अपनी थकान मिटाए।
जो न अपने पैरों पर चल पाएं
विहल चेयर कहला कर उनकी राहें थोड़ी सी आसान बनाएं।
असमझें बैठकर करते हैं इस पर अपनी शक्तियों का दुरुपयोग,
वहीं बहुत से लोग इस पर बैठकर राष्ट्र को ले जाते हैं उन्नति की ओर।

योग

योग को अपनाएं,
अपने जीवन को स्वस्थ बनाएं।
शरीर के सभी अंगों को रखें दुरुस्त,
योग करके सभी उम्र के लोग रहें चुस्त।
पूरे विश्व को भारत का है यह उपहार
जो प्रतिदिन करे योग वह जीवन में कभी न मानें हार।
भिन्न—भिन्न प्रकार के हैं अनेकों आसन
जो तुम्हें सुकून दे जल्दी सीखों उनको तुम।
सबसे सस्ता और अच्छा है यह हल,
जो दूर भगा दे तुम्हें रोगों से हर पल।
प्राणायाम का रिश्ता है सांसों से,
सूक्ष्म क्रियाएं करते हैं हाथों से।
सूर्य नमस्कार में है बारह आसानों का समावेश
बदल दे आपकी काया को, है इसमें इतना तेज।
पाचन शक्ति को यह बढ़ाए,
जो साथ में पौष्टिक भोजन रोज खाए
आँखों की रोशनी का रखे ख्याल
यह है योग की शक्ति का कमाल।
छात्रों की स्मरण शक्ति और एकाग्रता को बढ़ाएं,
युवाओं को कभी बूढ़ा न यह बनाऐं।
हर योग के पीछे है वैज्ञानिक कारण,
इतने सालों से किया है इसने हर कष्ट का निवारण।
जब हैं इसके इतने फायदे,
क्यों न इसको हर कोई अपनाए।

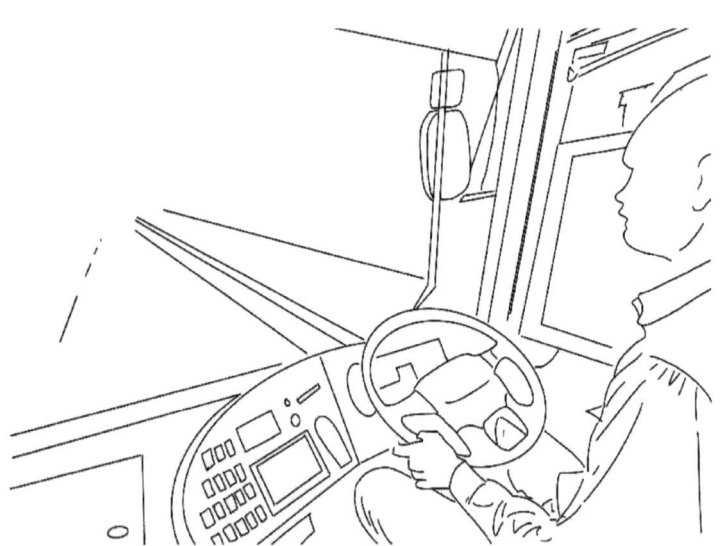

बस ड्राईवर

बस ड्राईवर रोज निकलते हैं, मीलों के सफर पर,
पर न जाने पहुँचना है कहाँ कठिन डगर पर।
प्रतिदिन मिलती है, इन्हें अनगिनत सवारी
पहुँचाते हैं जिन्हें यह गन्तव्य पर बारी–बारी।
सवारियाँ करती है, इनका रोज बेसब्री से इन्तजार,
मिलाते हैं यह बस ड्रावर अनेकों को अपनों के पास
पर पीछे छूट जाते हैं इनके कुछ रिश्ते खास।
तर्जुबा है, इनको राहों को मिलाने का,
रोज–रोज नए खतरों को अपनाने का।
रोज हजारों बच्चों को सुरक्षित यह समय पर स्कूल पहुंचाएं,
चाहे स्वयं के बच्चे पढ़ न पाएं।
चलते जाना है इनके जीवन का उद्देश्य,
कस्बों, शहरों, गाँवों की दूरी यह मिटाएं।
उम्र के बेहतरीन पल बीत जाते हैं इनके पहियों पर,
पर बिन कुछ सोचे यह अपना फर्ज़ निभाएं।
आज के वयस्त युग में इनके जीवन पर है खतरा भारी,
क्योंकि सड़कों पर है असंख्य सवारी
कोई इनको पूछो कैसे ऐसा जीवन बिताते हो,
हँसकर बताते हैं, हर सफर में अनगिनत यादों को बनाते हैं।
ठहराव पाना है इनका भी अधिकार,
जिनसे इनके जीवन के कुछ पल बीते अपने के साथ।
आओ मिल कर इनको भी सुरक्षित और सफल
जीवन का एहसास कराएं,
इनकी सहायता में सब मिल कर हाथ बटाएं।

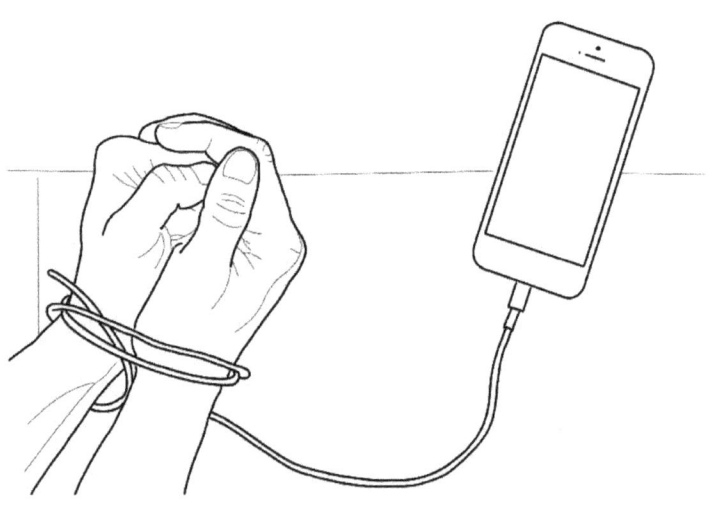

तकनीक

आज के तकनीकी युग में
कंप्यूटर, रोबाट है मानव पर भारी।
जब चाँद पर पहली बार रखा था कदम,
न सोचा था मंगल पर भी बनाने की सोचेंगे सदन।
तकनीकी ज्ञान करता है हर मुश्किल को आसान,
पर कहीं–ना कहीं युवा पीढ़ी को भरना पड़ेगा
भविष्य में अत्यधिक उपयोग करने का भुगतान।
जो भी मन में सोचें मिनटों में गूगल पर पाएं,
इस गूगल के चक्कर में बच्चे घर से बाहर न जाए।
जब से जोड़ा है अनगिनत गैजट से नाता,
न कोई समय पर सोता न खाना खाता।
2G, 4G, 5G, के पीछे हर देश भागे, हर कोई अपने आपको सबसे पहले अपडेट करना चाहें।
बच्चों का जन्म भी करता है इन पर निर्भर आँख, नाक और शरीर बना डाले तकनीक के बल पर।
जब आई Chat GPT की बारी,
बड़े–बड़े व्यवसायी, वैज्ञानिक भी कहते हैं,
क्यों हमने इतनी तरक्की कर डाली।
कुछ तो होनी चाहिए इस पर रोक,
क्योंकि अनावश्यक उपयोग
बड़ा रहा है असंख्य रोग।

www.ingramcontent.com/pod-product-compliance
Lightning Source LLC
LaVergne TN
LVHW061623070526
838199LV00078B/7401
9789357417815